TEACH ME TO SAY "HELLO" IN FRENCH

Language Book 4th Grade Children's Foreign Language Books

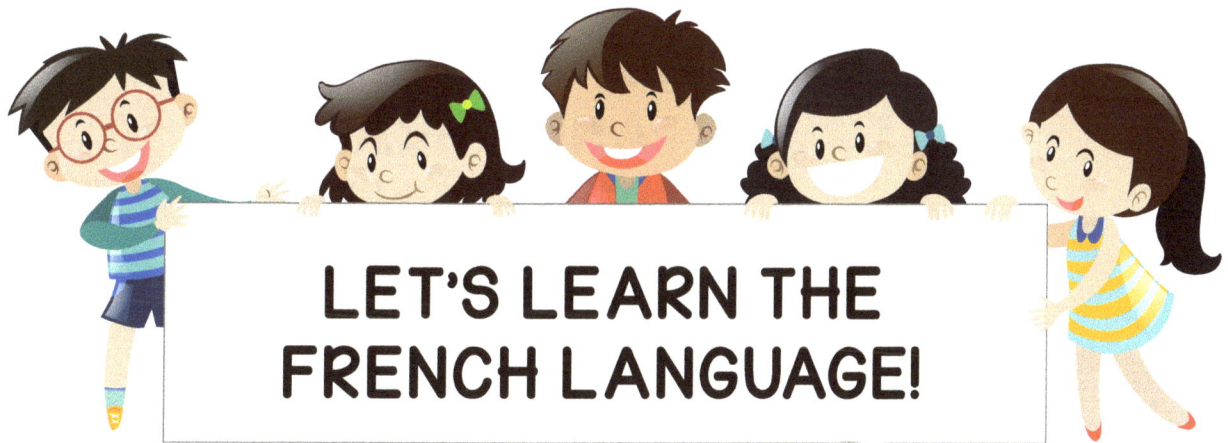

LET'S LEARN THE FRENCH LANGUAGE!

COMMON WORDS AND PHRASES IN FRENCH!

GREETINGS IN FRENCH

> Hello / Good day
>
> **Bonjour**

> Hi / Bye
>
> **Salut**

GREETINGS IN FRENCH

> How are you? (formal)
>
> **Comment allez-vous?**

> I'm fine / I'm well
>
> **Je vais bien**

> What's your name?
>
> **Comment vous appelez-vous?**

> My name is...
>
> **Je m'appelle...**

HOW TO BID FAREWELL IN FRENCH

> Good evening
>
> **Bonsoir**

> See you soon
>
> **A bientôt**

> Goodbye
>
> **Au revoir**

> Let's go
>
> **Allons-y!**

> See you in a little while
>
> **A tout à l'heure**

POLITE EXPRESSIONS IN FRENCH

> Please (formal)
>
> **S'il vous plaît**

> Please (informal)
>
> **S'il te plaît**

> Thank you (very much)
>
> **Merci (beaucoup)**

> You're welcome
>
> **Je vous en prie**

> I'm sorry
>
> **Je suis désolé(e)**

COMMON QUESTIONS IN FRENCH

Where are you from?

Vous êtes d'où?

I am from...

Je suis de...

Where do you live?

Où habitez-vous?

I live in...

J'habite à...

COMMON WORDS IN FRENCH

Mister / Sir

Monsieur

Mrs. / Madam / Ma'am

Madame

Miss

Mademoiselle

Ladies and gentlemen

Mesdames et messieurs

BODY PARTS
IN FRENCH!

| lips | lèvres |

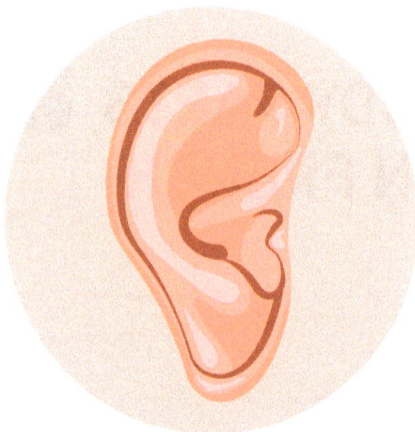

| ear | oreille |

teeth	les dents

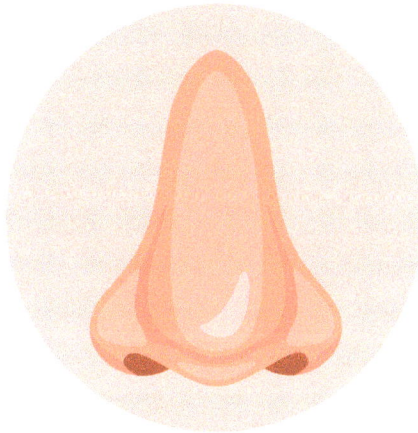

nose	nez

| chin | menton |

| mouth | bouche |

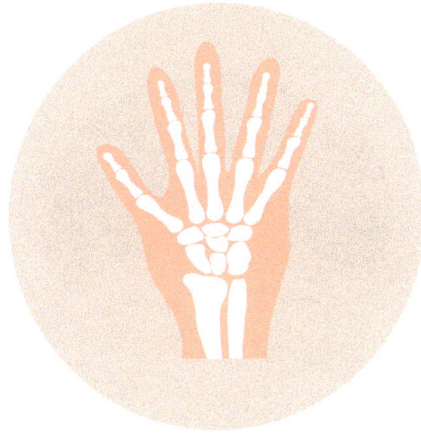

hand	main

knee	le genou

hair	cheveux

neck	cou

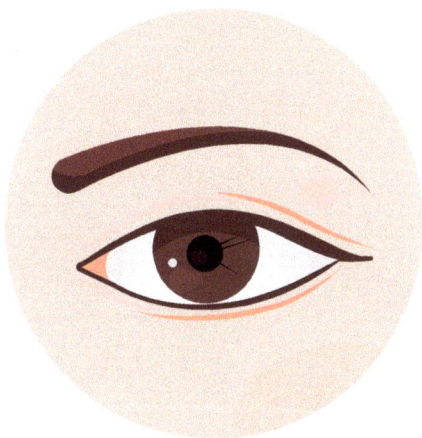

eye	œil

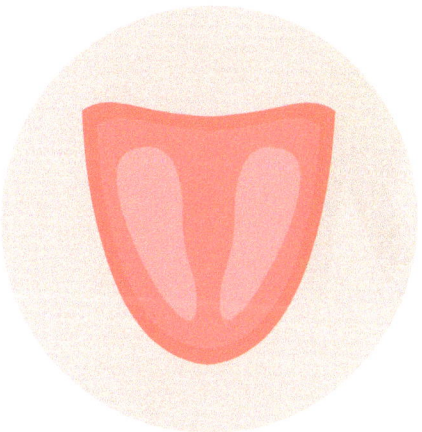

tongue	langue

SCHOOL SUPPLIES IN FRENCH!

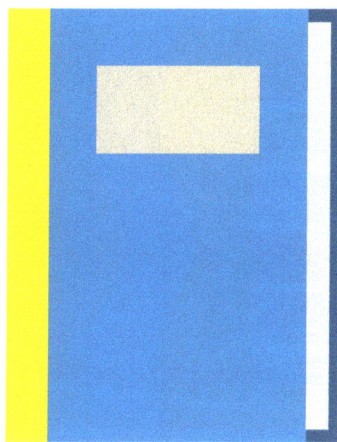

| book | le livre |

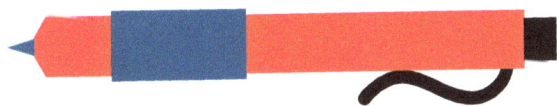

| pen | le stylo |

colored pencil | le crayon de couleur

eraser | la gomme

ruler	la règle

glue	la colle

scissor	ciseaux

pencil	le crayon

SPORTING EQUIPMENT IN FRENCH!

a basketball | un ballon de basket

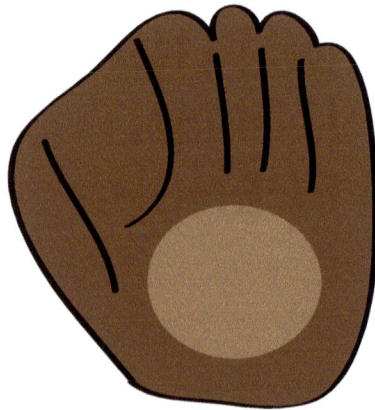

a baseball mit | un gant de base-ball

a soccer ball | un ballon de football

a football | un ballon de football américan

FRUITS, VEGETABLES AND SOME COMMON FOOD IN FRENCH!

| strawberry | fraise |

| papaya | papaye |

pear	poire

orange	orange

| avocado | avocat |

| kiwifruit | kiwis |

| grapes | les raisins |

| lemon | citron |

| pomegranate | grenade |

| pineapple | ananas |

coconut | noix de coco

watermelon | pastèque

| bananas | bananes |

| apple | pomme |

cherry	cerise

cantaloupe	cantaloup

| corn | blé |

| carrots | carottes |

onion	oignon

pumpkin	citrouille

tomato | tomate

eggplant | aubergine

| mushroom | champignon |

| cabbage | chou |

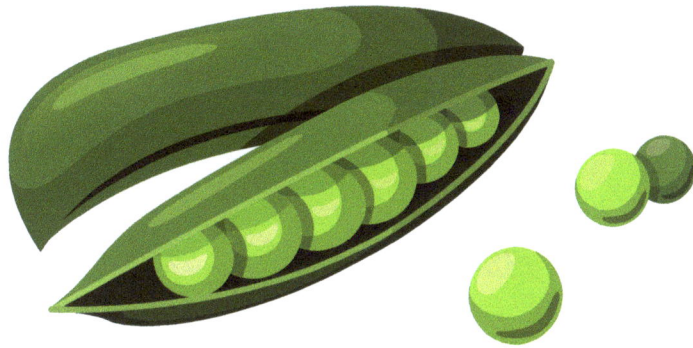

peas	pois

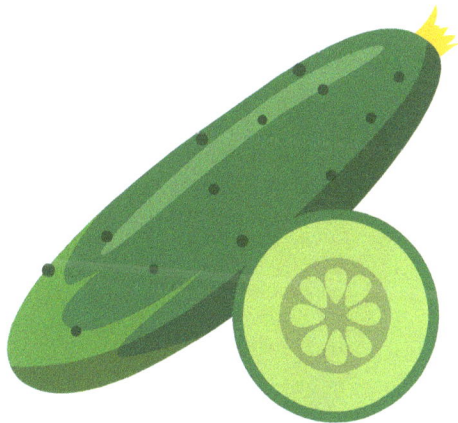

cucumber	concombre

| garlic | ail |

| bell pepper | poivron |

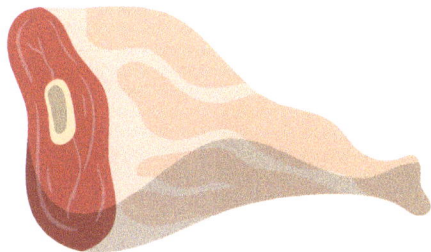 

| meat | viande |

| milk | lait |

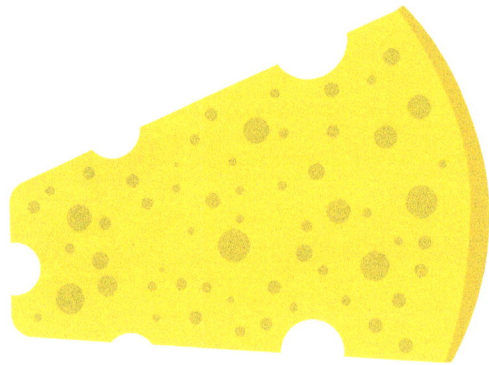

| cheese | fromage |

| bread | pain |

Short Quiz!

Write the french translation of each word below.

ENGLISH	FRENCH
Good evening	_ _ _ _ _ _ _ _ _ _ _ _ _
Hi / Bye	_ _ _ _ _ _ _ _ _ _ _ _ _
Hello / Good day	_ _ _ _ _ _ _ _ _ _ _ _ _
Please (formal)	_ _ _ _ _ _ _ _ _ _ _ _ _
Thank you (very much)	_ _ _ _ _ _ _ _ _ _ _ _ _

Write the french translation of each word below.

ENGLISH	FRENCH
I'm sorry	_ _ _ _ _ _ _ _ _ _ _ _
See you soon	_ _ _ _ _ _ _ _ _ _ _ _
Let's go	_ _ _ _ _ _ _ _ _ _ _ _
How are you? (formal)	_ _ _ _ _ _ _ _ _ _
Where do you live?	_ _ _ _ _ _ _ _ _ _ _ _

Write the french translation of each word below.

ENGLISH	FRENCH
I am from...	_ _ _ _ _ _ _ _ _ _ _ _ _
I'm well	_ _ _ _ _ _ _ _ _ _ _ _ _
Sir	_ _ _ _ _ _ _ _ _ _ _ _ _
Miss	_ _ _ _ _ _ _ _ _ _ _ _ _
Ma'am	_ _ _ _ _ _ _ _ _ _ _ _ _

Write the french translation of each word below.

ENGLISH	FRENCH
ear	– – – – – – – – – – – – –
lips	– – – – – – – – – – – – –
chin	– – – – – – – – – – – – –
hand	– – – – – – – – – – – – –
mouth	– – – – – – – – – – – – –

Write the french translation of each word below.

ENGLISH	FRENCH
teeth	_ _ _ _ _ _ _ _ _ _ _ _ _
hair	_ _ _ _ _ _ _ _ _ _ _ _ _
eye	_ _ _ _ _ _ _ _ _ _ _ _ _
neck	_ _ _ _ _ _ _ _ _ _ _ _ _
tongue	_ _ _ _ _ _ _ _ _ _ _ _ _

Write the english translation of each word below.

FRENCH	ENGLISH
le livre	_ _ _ _ _ _ _ _ _ _ _ _
le crayon de couleur	_ _ _ _ _ _ _ _ _ _ _ _
la règle	_ _ _ _ _ _ _ _ _ _ _ _
la gomme	_ _ _ _ _ _ _ _ _ _ _ _
le stylo	_ _ _ _ _ _ _ _ _ _ _ _

**Write the english translation
of each word below.**

FRENCH	ENGLISH
ciseaux	_ _ _ _ _ _ _ _ _ _ _ _ _
le crayon	_ _ _ _ _ _ _ _ _ _ _ _ _
la colle	_ _ _ _ _ _ _ _ _ _ _ _ _
un ballon de basket	_ _ _ _ _ _ _ _ _ _ _ _ _
un ballon de football	_ _ _ _ _ _ _ _ _ _ _ _ _

Write the english translation of each word below.

FRENCH	ENGLISH
lèvres	_ _ _ _ _ _ _ _ _ _ _ _ _
les dents	_ _ _ _ _ _ _ _ _ _ _ _ _
nez	_ _ _ _ _ _ _ _ _ _ _ _ _
oreille	_ _ _ _ _ _ _ _ _ _ _ _ _
nez	_ _ _ _ _ _ _ _ _ _ _ _ _

Write the english translation of each word below.

FRENCH	ENGLISH
A tout à l'heure	_ _ _ _ _ _ _ _ _ _ _ _ _
Allons-y!	_ _ _ _ _ _ _ _ _ _ _ _ _
Je vous en prie	_ _ _ _ _ _ _ _ _ _ _ _ _
Vous êtes d'où?	_ _ _ _ _ _ _ _ _ _ _ _ _
Mademoiselle	_ _ _ _ _ _ _ _ _ _ _ _ _

Write the english translation of each word below.

FRENCH	ENGLISH
fraise	_ _ _ _ _ _ _ _ _ _ _ _ _
avocat	_ _ _ _ _ _ _ _ _ _ _ _ _
poire	_ _ _ _ _ _ _ _ _ _ _ _ _
ananas	_ _ _ _ _ _ _ _ _ _ _ _ _
citron	_ _ _ _ _ _ _ _ _ _ _ _ _

Write the english translation of each word below.

FRENCH	ENGLISH
oignon	_____
citrouille	_____
viande	_____
ail	_____
chou	_____

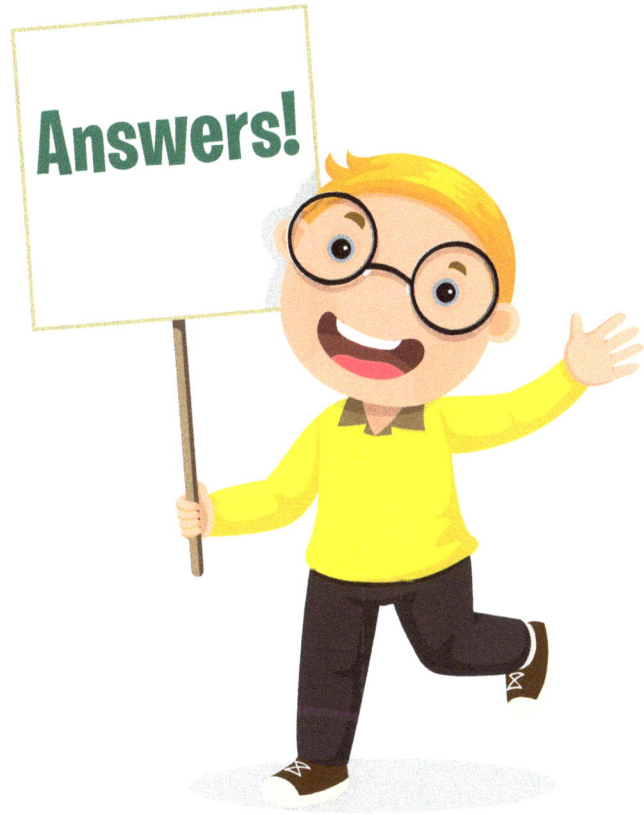

EXERCISE 1

ENGLISH	FRENCH
Good evening	Bonsoir
Hi / Bye	Salut
Hello / Good day	Bonjour
Please (formal)	S'il vous plaît
Thank you (very much)	Merci (beaucoup)

EXERCISE 2

ENGLISH	FRENCH
I'm sorry	Je suis désolé(e)
See you soon	A bientôt
Let's go	Allons-y!
How are you? (formal)	Comment allez-vous?
Where do you live?	Où habitez-vous?

EXERCISE 3

ENGLISH	FRENCH
I am from...	Je suis de...
I'm well	Je vais bien
Sir	Monsieur
Miss	Mademoiselle
Ma'am	Madame

EXERCISE 4

ENGLISH	FRENCH
ear	oreille
lips	lèvres
chin	menton
hand	main
mouth	bouche

EXERCISE 5

ENGLISH	FRENCH
ear	oreille
lips	lèvres
chin	menton
hand	main
mouth	bouche

EXERCISE 6

FRENCH	ENGLISH
le livre	book
le crayon de couleur	colored pencil
la règle	ruler
la gomme	eraser
le stylo	pen

EXERCISE 7

FRENCH	ENGLISH
ciseaux	scissor
le crayon	pencil
la colle	glue
un ballon de basket	a basketball
un ballon de football	a soccer ball

EXERCISE 8

FRENCH	ENGLISH
lèvres	lips
les dents	teeth
nez	nose
oreille	ear
nez	nose

EXERCISE 9

FRENCH	ENGLISH
A tout à l'heure	See you in a little while
Allons-y!	Let's go
Je vous en prie	You're welcome
Vous êtes d'où?	Where are you from?
Mademoiselle	Miss

EXERCISE 10

FRENCH	ENGLISH
fraise	strawberry
avocat	avocado
poire	pear
ananas	pineapple
citron	lemon

EXERCISE 11

FRENCH	ENGLISH
oignon	onion
citrouille	pumpkin
viande	meat
ail	garlic
chou	cabbage

Visit

BABY PROFESSOR
EDUCATION KIDS

www.BabyProfessorBooks.com

to download Free Baby Professor eBooks
and view our catalog of new and exciting
Children's Books

9 798869 419743